Peter Wahl

La milito en Ukrainujo kaj ĝiaj geopolitikaj fonoj

Peter Wahl

La milito en Ukrainujo kaj ĝiaj geopolitikaj fonoj

Monda Asembleo Socia (MAS)

Peter Wahl
La milito en Ukrainujo kaj ĝiaj geopolitikaj fonoj
Elgermanigita de Vilhelmo Lutermano
Embres-et-Castelmaure
Monda Asembleo Socia (MAS)
2022
ISBN 978-2-36960-280-4
(epub-versio 978-2-36960-281-1)

(= MAS-libro n-ro 272)

Tradukita el la germana originalo:
Peter Wahl:
Der Ukraine-Kreig und seine geopolitischen Hintergründe
Marxistische Blätter

Marxistische Blätter, Hoffnungsstraße 18, DE-45127 Essen
http://www.maristische-blaetter.de
www.facebook.com/MarxBlätter

Enhavotabelo

1. Enkonduko

Tiu ĉi teksto okupiĝas pri fono: Kiel la nomo diras, temas pri rigardo al fonoj kaj interrilatoj, analizado de kaŭzoj kaj pri meto de unuopaj aferoj en la strukturan kaj historian kuntekston de la tutaĵo. Tiu ĉi metoda aliro kongruas kun la proceduro, kiun emancipa soci-analizo jam ĉiam praktikas.

Tiel ekz-e ĝia kapitalismo-kritiko baziĝas sur sistema kompreno de kapitalismo, el kiu la unuopaj fenomenoj estas (dialektike) interpretataj kaj ligas tion kun ĝia historia evoluo. Tiel pensas ne nur maldekstra socikritiko. Ankaŭ la klimat-esplorado faras tion, por nomi nur ekzemplon. Kiam en la norda Germanujo okazas pluvema somero, tiam tio ne signifas neadon de la klimata ŝanĝiĝo. Unuopaj veteraj okazaĵoj troviĝas en klimata ĉioma interrilato kaj kun ĝia evoluo. La unuopa fenomeno ja ne malaperas, sed ĝi metiĝas en interrilaton kun la tutaĵo.

Envere tio estas bazaj antaŭkondiĉoj por ĉia klera pensado. Sed en la aktuala situacio[1] de diskuto pri la milito en Ukrainujo unu el la plej signifaj fenomenoj estas la fakto, ke ĝis en partoj de la socia maldekstro la unuopa okazaĵo estas disigita disde ĝia historio kaj struktura kunteksto kaj farita singulara okazaĵo kaj morala absolutaĵo, pri kiu oni jam ne rajtas diskuti.

La singularigita okazaĵo, pri kiu ĉi tie temas, estas la rusa atako al Ukrainujo. Tio estas grava rompo de la popoljuro kaj nova kvalito de perfort-uzado en spiralo de konfliktoj, kiu jam delonge turniĝas. Ĝi akceptas homajn katastrofojn kaj la riskon de kontrol-perdo kun ne antaŭvideblaj sekvoj. En tutmonda skalo, egale kiel ĝi finiĝos, ĝi akrigos la geopolitikan[2] alfrontiĝon kaj per tio la malsekurecon

---

1   Redaktofino de tiu ĉi fona teksto de la *ATTAC-AG Globalisierung & Krieg* [ATTAC-labor-komunumo *Tutmondigo kaj milito*] estis la 18-a de Marto 2022. La bildoj devenas el la PR-prezentado de la aŭtoro de la 7-a de Aprilo 2022.

2   La nocio geopolitiko devenas el arĥaiĝinta teorio de internaciaj rilatoj, kiu devenigas la eksterapolitikan konduton de ŝtatoj el ties geopolitika situacio. Hodiaŭ ĝi estas ĝenerale uzata por nomi internacian potenc-politikon.

en la mondo.

Tamen, la malatento al la historiaj kaj strukturaj interrilatoj de la milito signifas intelektan kapitulacon kaj forigas al si mem la eblecon alpreni aŭtonoman trian pozicion, orientitan al certigo de paco, transe de la milit-partioj.[3] Certe ne estas facile eviti la kompletan emociigon de la politika klimato. Rankoroj kaj imagoj de malamiko estas elĉenigataj kaj kreskas monstre, tiel ke multaj jam ne povas eskapi la tiel estigitan premon alformiĝi.

Sed tiu ĉi milito ne falas el la ĉielo. Ĝi ne estas singulara, kaj ankaŭ ne estas erao-ŝanĝiĝo. Ruslando nun transprenas praktikojn, kiuj en tia ĉi radikaleco estis enkondukitaj ekde la fino de la Malvarma Milito 1.0 jam de Usono kaj de la NATO, ekz-e en la milito kontraŭ Jugoslavio en la jaro 1999:

> "Karaj kungecivitanoj, ĉi-vespere la NATO komencis aer-frapojn kontraŭ militaj celoj en Jugoslavio. Per tio la alianco volas malebligi kromajn gravajn kaj sistemajn rompojn de la homrajtoj kaj eviti homan katastrofon en Kosovo."

Tiel la 24-an de Marto 1999 la tiama germana kanceliero Gerhard Schröder.[4] Ĝi estis la unua granda milito, kun aktiva partopreno de la germana armeo (*Bundeswehr*), kaj la unua perforta limŝanĝo en la eŭropa postmilita historio.

---

3   En la slogano *"whataboutism"* tiu mem-pritrančado de la pensado estas eĉ deklarita kiel virto. La mezurado per du malsamaj mezuriloj, do la duobla moralo, estas tamen jam ĉiam konsiderata malmorala, kio esprimiĝas en la fama biblia teksto en Mateo 7-39: "Kial vi vidas la spliton en la okulo de via frato, sed la trabon en via okulo vi ne rimarkas?"

4   Kosovo estis ĝis 1999 serba provinco kun plejmulta albanlingva loĝantaro. Post la milita malvenko de Beogrado kaj la okupado de Kosovo fare de la NATO, la regiono en la jaro 2008 deklaris sian sendependecon, kiu estis ankaŭ tuj agnoskita de la plej multaj okcidentaj landoj.

En Libio, la registaroj de Francujo kaj Britujo en la jaro 2011 misuzis decidon de la UN-konsilantaro pri sekureco, kiu dekretis zonon de flug-malpermeso. Ili faris agres-militon cele al reĝim-ŝanĝo. La milito plej grava el perspektivo de homaj katastrofoj kun civilaj viktimoj en la grand-ordo de 100.000 estis la agresmilito kontraŭ Irako en 2003. Pravigita per la aserto – kiu baldaŭ estis senmaskigita kiel mensogo –, ke Saddam Hussein posedas amas-detruajn armilojn, "koalicio de bonvolemuloj" gvidata de Usono atakis Irakon. En tio partoprenis ne nur ĉiuj orientaj membrolandoj de la EU, kaj Macedonio kaj Kartvelujo, sed kun 1.650 soldatoj ankaŭ Ukrainujo. La ukraina kontingento estis la sesa plej granda inter la 36 atakantaj ŝtatoj.

"Milito kiel daŭrigo de la politiko per aliaj rimedoj", kiel skribis la multe citita milit-teoriulo Clausewitz, do en la erao post la Malvarma Milito 1.0 tio bedaŭrinde estis ree refirmigita. Kaj pli precize de Usono kaj ties sekvantaro Britujo, Germanujo kaj aliaj.

Ĉio ĉi estas faktoj, kiuj tiam same kiel hodiaŭ kontrastas al la idealoj kaj interesoj de emancipa pacpolitiko. Sed ili estas la geopolitika realo. La decidopovaj politikistoj en la decidopovaj landoj pensas kaj agas laŭ potencpolitikaj kriterioj kaj ne laŭ la gvidaj bildoj de la pacmovado. Se oni volas ŝanĝi tiun ĉi malĝojigan realon, oni devas scii, kiel ĝi funkcias. Por tio oni devas distingi analizon kaj norman orientadon, tion kio estas fakta kaj tion kio estas emocia. Jam la komencoj de scienca pensado en la antikveco havis la sloganon *"sine ira et studio* – sen kolero nek fervoro!"

Ĝuste kiam oni kunsentas kun la viktimoj, oni ne elŝaltu la intelekton. Morala [en la senco de morale bona, -vl] ĉe nia temo estas tiu kaj tio, kiu kaj kio kontribuas al konservado de paco. Kaj se tamen okazas milito, tiam morala estas ĉio, kio kiom eble plej rapide ĉesigos ĝin. Tio estas la moralo, por kiu la viktimoj – aktuale la homoj en Ukrainujo – estas la decida kriterio por pacpolitiko ĝuste ankaŭ en tempoj de milito.

Ni iru nun tamen en la mondon de la geopolitiko, eĉ se ĝi por multaj estas fremda aŭ eĉ abomena.

2. Strukturo kaj dinamiko de la internacia sistemo[5]

Komence ni parolis pri la sistema karaktero de kritika sociteorio. Pri la internaciaj rilatoj tio signifas, ke ankaŭ ili estas komprenataj kiel sistemoj. Tio envere ne estas nova por maldekstraj teori-tradicioj, kiuj komprenas ankaŭ la internaciajn rilatojn, konflikton kaj militon sisteme. Ĝi validas pri la imperiismo-teorioj el la tempo antaŭ la Unua Mondmilito, sed ankaŭ pri metodoj el pli nova tempo. Tiel la mondsistem-teorio de Immanuel Wallerstein aŭ la novgramŝe[6] stampita Politika Ekonomio de la internaciaj Rilatoj.[7] Tamen en la socia maldekstro ili estis apenaŭ rimarkitaj, same kiel la temaro pri paco ĝenerale dum jam sufiĉe longa tempo ne alte rangis en ĝia agendo.[8]

Jen ĉi tie nun – en telegrama stilo – esencaj agulpunktoj de la sistema rigardo al la modordo.

Unue:
Deirpunkto estas la fakto, ke neniu ŝtato ekzistas por si sola, sed ĉiam nur en interrilato kun aliaj, kun najbaroj, kun rivaloj, sampensantoj ktp. Laŭ tio estiĝas eksterapolitika konduto ne nur el ĝiaj

---

5   La teritoria ŝtato estas daŭre la centra aganto de la internacia sistemo. Aliaj agantoj, ekz-e transnaciaj konzernoj, lastanalize estas subordigitaj al siaj devenlandoj, kio ĝuste nun montriĝas en la Ukrain-milito, kie la profitinteresoj de la konzernoj en la Okcidentoj devas rezigni malantaŭ geopolitikaj interesoj.

6   De Gramŝo (Antonio Gramsci). -vl

7   Wallerstein, Immanuel (2004): World Systtems Analysis. An Introduction. Durham, Cox. Robert (1998): Weltordnung und Hegemonie – Grundlagen der Internationalen Politischen Ökonomie. Marburg. Gill, Stephen (2008): Power and Resistance in the New World Order. London.

8   Tamen mi ĵus aŭdis kun plezuro la anoncon, faritan en la diskutejo de la Sennacieca Asocio Tutmonda (SAT), ke ĉe la venontjara Universala Kongreso de Esperanto ree renkontiĝos membroj de la *Mondpaca Esperantista Movado* (MEM). -vl

internaj kondiĉoj, sed ankaŭ el la dinamiko de la sistemo, en kiu ĝi estas elemento. Ekzistas sistema logiko, kiu estigas padajn dependecojn. Tio ne signifas, ke tiu ĉi sistemo estas meĥanike aganta radaro. Ĉar homfarita, ĝi ĉiam ebligas diversajn ag-eblecojn. Ekzemple per tio, ke oni anstataŭigas potencpolitikan alfrontiĝon per pac-orientita kunlaborado.

Due:
Ne ekzistas mondoŝtato. Tio decide distingas la internacian sistemon disde la interna sistemo de la ŝtatoj (regnoj). Moderna ŝtateco per konstitucioj, jursistemo, politika sistemo ktp havas altan reguldensecon, kiu devas teni la potencrilatojn kaj konfliktojn de la socio en ordigitaj vojoj kaj devas ilin moderigi. Fronte al tio, la interregnaj rilatoj similas pli al tio, kion la politika teorio priskribas kiel "socian naturstaton", kiu havas multe malpli da ordigitaj, sed tendence pli anarĥiajn trajtojn. Reguliganta ŝtateco ekzistas ĉi tie nur en partoj, kiel popoljuro, interŝtataj kontraktoj kaj internaciaj institucioj. Antaŭ ĉio, ne ekzistas pravigita plej supra instanco, kiel ekz-e konstitucia tribunalo, kaj ne ekzistas plenuma instanco, kiu realigas ties decidojn. La sekurec-konsilantaro de la Unuiĝinta Naciaro (UN), kiu tendence devus povi tion fari, estas blokita per la veto-sistemo, kiam veto-potencoj partoprenas en konfliktoj.

Trie:
Kvankam popoljure ĉiuj havas la saman statuson kaj laŭnome disponas pri popoljura suvereneco, la elementoj de la sistemo ne estas egalaj. La sistemo estas hierarĥia. Kiu staras ĉe la pinto, tiu havas stampantan influon. Ju pli oni troviĝas malsupre, des malpli grandas agospacoj kaj influo.

Kvare:
La pozicio en la hierarĥio dependas de la potenc-resursoj, pri kiuj lando disponas: armeo, ekonomio, teĥnologio, politikaj retoj kaj kultura influo[9]. El tio rezultas la trudkapablo kaj la ag-opcioj por la propraj naciaj interesoj.

---

9   En Okcidento ofte nomata usone: *Soft Power*.

Kvine:
Surbaze de ĉiuj ĉi faktoroj la centra principo de reguligado en la internacia sistemo estas la potencpolitikaj fortrilatoj. Normoj, popoljuro kaj instituciaj aranĝoj akceptiĝas de la plej grandaj agantoj nur tiom longe, kiom ili ne dubigas iliajn proprajn vivgravajn interesojn. Grandpotenco laŭeble ne volas fari normajn kontraktojn, kiuj povus mallarĝigi ĝiajn potencpolitikajn agospacojn. Usono estas ankaŭ ĉi tie tutmonda gvida potenco.[10]

**Retrorigardo al la internacia sistemo
post la Malvarma Milito 1.0**

Plej alta punkto de la novliberala tutmondigo	USONO	Reganta bloko
	BWI / NATO / G7	
	EU, Jap, UK, FR, DE	
Hegemonia		
MULTFLANKISMO,	Ĉinujo, Ruslando, Barato, Brazilo	
"PAX	Mezaj, pli malgrandaj landoj de la OECD	
Americana"	Ceteraj sojlolandoj	
	"Resto de la mondo"	

---

10 Ekz-e ĝi ne aliĝis al la konvencio pri mara juro, kaj al usonaj instancoj estas eĉ laŭvorte malpermesite kunlabori kun la Internacia Puntribunalo.

3. En la centro: unupolusa kontraŭ multpolusa mondordo

El la potencpolitikaj fortrilatoj estiĝas sistema dinamiko. Dum proksimume jardeko kaj duono post la fino de la USSR la sistemo estis unupolusa, do Usono estis senkonteste la sola superpotenco. Tio estis la erao de la *American Empire*. Intertempe la unupolusa mondordo estas finiĝanta. En ĝian lokon paŝas multpolusa sistemo. En ties centro staras la rivaleco inter Usono kaj Ĉinlando.

Samtempe okazas reveno de Ruslando kiel grandpotenco. Ankaŭ Barato alstrebas supreniron al superpotenco.

La konflikto inter unupolusa kaj multpolusa mondordo troviĝas en la centro de la internacia sistemo jam de proksimume jardeko. Ĝi konsistigas sistemon, kiu ne nur stampas la konduton de la grand-potencoj, sed ankaŭ influas ĉiujn gravajn regionajn problemojn.

Tiu ŝanĝego signifas senokcidentiĝon de la mondo kaj la finon de la 500-jara eŭropa-atlantika supereco. Barack Obama pri tio koncize formulis la usonan vidpunkton:

> *"Tiuj, kiuj opinias, ke Usono troviĝas en pereo aŭ perdos sian okcidentan gvid-pozicion, eraras. … Usono devas ĉiam gvidi sur la monda scenejo. … Per ĉia fibro de mia esto mi kredas je la usona esceptismo."*

Joseph Biden staras senmanke en la sama tradicio:

> *"Mi volas zorgi por tio, ke Usono ree gvidos la mondon"*, ĉar *"neniu alia nacio havas por tio la kapablon."*

Kvankam tio estas apenaŭ notita de la eŭropa maldekstrularo, por la usonaj potenc elitoj tio kun distanco staras ĉe la pinto de sia agendo.

Kontraste al tio, la strategia celo de la ĉina kaj rusa ekstera politiko eksplicite estas multpolusa mondordo, kiel formulite jam en 2009 dum la pintkunveno de la BRICS en Jekaterinburgo:

"Ni volas pli demokratian kaj justan multpolusan mondon surbaze de la popoljuro, de la egaleco, de la reciproka respekto, de la kunlaborado, de la komuna agado kaj de kolektivaj decidoj de ĉiuj ŝtatoj."[11]

Aŭ, en la vortoj de la ĉina ŝtat- kaj parti-estro:

"Ni ne rajtas determini la regulojn per unu aŭ kelkaj malmultaj landoj, kiuj trudas ilin al la ceteraj, aŭ allasi unuflankismon de certaj landoj, kiuj volas preskribi la direkton al la tuta mondo."

Sed estas vere, ke ŝanĝegoj en la hegemonia ordo de la mondo estas ankaŭ danĝeraj. Esplorgrupo de la Harvard-universitato parolas pri la Tukidido-kaptilo. La metaforo rilatas al la Peloponeza Milito kiel modelo (431 – 404 a.n.e.), kiun la antikva historiisto Tukidido priskribis proprasperte. Per tiu milito la hegemonio super Greklando transiris de Ateno al Sparto. La Harvard-studaĵo esploris dudek tiajn kazojn tra la historio de la lastaj 2000 jaroj. Laŭ tio, en dek ses kazoj okazis milito.[12]

La establitaj potencoj volas konservi la ĝisnunan staton, la supren irantaj volas ĝin ŝanĝi. Tio kondukas al eksterordinara kresko de rivaleco kaj de konflikto. Sub kapitalismaj kondiĉoj aldoniĝas la ekonomia konkurenco de la unuopaj kapital-interesoj kaj de ties ŝtata sidejo. Ekzemplo, kiu estas al ni ankoraŭ sufiĉe proksima, estas la Unua Mondmilito, kiu ankaŭ estiĝis el Tukidido-momento – kion cetere tiutempaj maldekstraj fontoj vidas simile.

---

11 BRICS = kunlabora projekto de Brazilo, Ruslando, Barato ("Hindio"), Ĉinlando kaj Sudafriko.

12 Allison, Graham (2017): Destined for War: Can America and China Escape Thucydides's Trap? Boston/New York.

Ukrainujo en la nova multpolusa mondordo

"Schwellenländer, Globaler Süden" = Sojlolandoj, Tutmonda Sudo; krome:
AUKUS = Aŭstralio, Britujo, Usono; D = Germanujo; F = Francujo; Jap = Japanujo;
Indien = Barato; UK = Britujo:

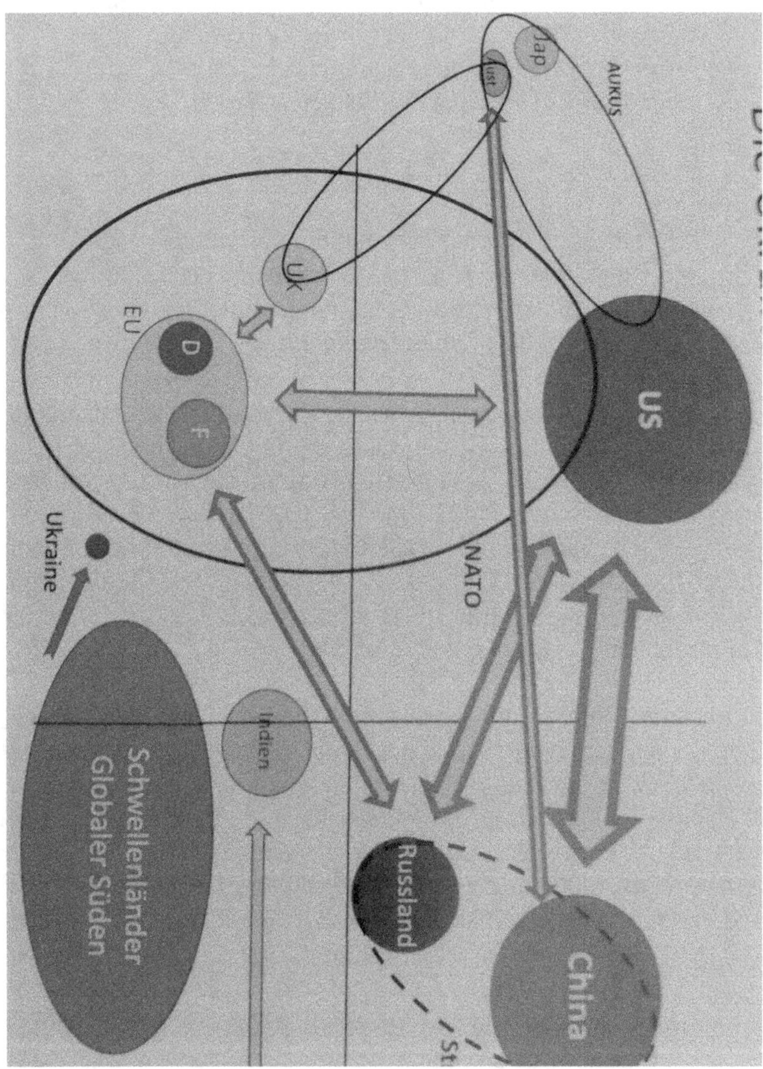

4. Potencresursoj kaj fortrilatoj

En la sekvo ni skizas la konstelaciom de fortoj kaj de interesoj ĉe la pinto de la internacia sistemo, en kiun kuntekston ankaŭ la Ukrain-milito enordigendas. Kiel prezentite en la ĉapitro 2, la **potencresursoj** de lando ludas centran rolon por la eksterapolitika konduto de lando. El ili rezultas la **fortrilatoj** inter la potencoj. Ĉar kiajn poziciojn aganto alprenas en la hierarĥio de la mondordo, tio ne rezultas el voloj kaj deziroj, sed el ĝia potenc-resurso. Ni memorigu, ke ties esencaj komponantoj estas armeo, ekonomio kaj teĥnologio, politika influo kaj kultura logo.

4.1 Usono kaj ĝiaj potencresursoj

Usono, mem deklarite, volas ĉiapreze konservi sian hegemonian pozicion. Por tio ĝi entreprenas ĉion por haltigi la pluan supreniron de Ĉinlando kaj por teni Ruslandon en problemoj. Tio lasta komenciĝis jam tre frue. Tiel la tiama prezidanto Bush (la pli maljuna): *"Ni venkis kaj ili ne. (…) Ni gajnos la ludon, sed ni devas konduti inteligente."*[13]

En la defendo-direktivoj de la Pentagono (Defense Planing Guidance) de 1992 tekstas:

> *"Al ĉia ebla malamika potenco estas malebligenda fariĝi dominanta en regiono, kiu por niaj interesoj estas decide grava. (…) Eblaj rivaloj eĉ ne ekhavu nur la ideon voli ludi regione aŭ tutmonde pli grandan rolon."*[14]

---

13 Greiner, Bernd (2001): Made in Washington. Was die USA seit 1945 in der Welt angerichtet haben. München, p. 168.
14 Greiner 2021, p. 164.

La strategio trovis sian praktikan realigon en la orienta etendado de la NATO. La sinsekva proksimiĝo de la milita alianco de Usono al la rusaj landlimoj estas la malmola kerno de la geopolitika konflikto inter Ruslando kaj la Okcidento. Tion vidis tiel jam en la jaro 1995 la tiama rusa prezidanto Jelcin, kiam li dum pintkunveno kun Bill Clinton deklaris sian striktan rifuzon. La temo do tute ne venis sur la tagordon nur per Putin.

Usono dekomence senkompromise trudis la ĉirkaŭdigadon de Ruslando. Ĝi kredis sin kapabla fari tion, ĉar ĝi tra ĉiaj kategorioj de potencresursoj disponas pri superpotencaj rezervoj:

- la kun distanco plej granda **armeo** (vidu la tabelon 2 en la aldonaĵo). Krome proksimume 120 armeaj bazoj sur ĉiuj kontinentoj kaj per la NATO la dispono pri milit-alianco kun 55 elcentoj de la tutmondaj elspezoj pri armado. En la pacifika spaco Usono estas kreanta kontraŭĉinajn aliancojn, armeajn kaj ekonomiajn. Aldoniĝas la tutmondaj eblecoj de superrigardo kaj influado en la kibernetika spaco.[15] Aldoniĝas geografia situacio kiel kontinento kvazaŭ en insula pozicio, kiu konsistigas strategian malsimetrion al ĉiuj ceteraj grandpotencoj. Kiam ĝi faras siajn militojn en Irako, en Afganujo aŭ en Jugoslavujo, tiam tio estas ĉiam distanca je miloj da kilometroj.

- La plej granda **ekonomia potenco** (vidu la tabelon 1 en la aldonaĵo). Per siaj transnaciaj konzernoj en la financa sektoro kaj la cifereca industrio, kiuj konsistigas la avangardon de la nuntempa kapitalismo, ĝi disponas pri tutmonda ĉeesto. Aldoniĝas la rolo de la dolaro kiel monda valuto kaj la decidkapablo pri la tutmonda financa infrastrukturo, kiel SWIFT aŭ la kreditkara sistemo. Kun sia ekonomia potenco ĝi disponas ankaŭ pri eksterordinara monda influo, ĉar ĝi povas malebligi al eksterlandaj

---

15 Ekzemple la buĝeto de la usona sekreta servo en la jaro 2013 estis jam de 52,6 miliardoj da dolaroj, kion malkaŝis la publikigaĵoj de Edward Snowden. Samjare la rusaj armeaj elspezoj estis de 63,8 miliardoj da usonaj dolaroj.

entreprenoj la aliron al ĝia merkato, al la monda valuto kaj al la tutmonda financa strukturo. Entreprenoj reagas al tio plej ofte per antaŭevita obeo.

- Teĥnologia gvidanteco en multaj kampoj, interalie en strategie gravaj, kiel mikroĉipoj, kvanta komputado, bio-inĝerierado ktp;

- politika enretiĝo per la tutmonde plej granda diplomatia aparato, influo en ĉiuj multflankaj institucioj, ĉu per sia statuso kiel veto-potenco en la UN aŭ la jure certigita barad-malplimulto en la Internacia Mon-Fonduso (IMF) kaj Monda Banko;

- kultura potenco (*"Soft Power"*), intelekta influo al sociopolitikaj kaj kulturaj interpretoj, influo de la kultur-industrio (pop-kulturo, Holivudo ktp, inkluzive de la komerca infrastrukturo.

Per tio **Usono disponas pri tiom grandaj agospacaj opcioj kiom neniu alia lando en la mondo.** Tio estas ligita kun strategia kulturo, kiu ankaŭ rigore eluzas tiujn eblecojn. Kiam estas en la usona intereso, ĝi ĉiumomente ankaŭ agas senkonsidere la popoljuron kaj homrajtojn, kion pruvas la longa historio de agresmilitoj, reĝimŝanĝoj kaj subtenoj al puĉismo kaj al internaj militoj ĝis la daŭre okazanta spava[16] milito kontraŭ imagitaj aŭ faktaj teroristoj.

En la konflikto kun Ruslando la potenco de jaroj estas uzata en plena larĝeco, tamen sube de la sojlo de rekta milita alfrontiĝo. Sub la iom mild-ŝajniga nocio de "sankcioj" Vaŝingtono faras ekonomian militon, kiu dum la jaroj estis ĉiam pli akrigita. Reguloj, kiaj la pacpolitike grava principo de nedividita sekureco, do la kompreno, ke sekureco atingeblas nur komune kaj ne koste de la alia flanko, estas ignorataj. Ekde la turniĝo de

---

16 Spavo: senpilota aviadilo. -vl

Obama al Azio, ankaŭ la uzado de la usonaj potenc-rimedoj kontraŭ Ĉinujo akriĝas.

Tamen, la gravaj distavoliĝoj en la socio kaj en la politika sistemo de la lando, kiuj aperis en la erao Trump – sed kiuj ne ĉesis – kondukis al iom da erozio de politika influo kaj de kultura influo.

4.2 Ĉinlando kaj ĝiaj potenc-resursoj

La supreniro de Ĉinujo de evolulando al superpotenco estas ne nur unika en la homara historio, sed ankaŭ ŝoko por Usono. Ĉi tie ne estas la spaco por diskuti la soci-modelon de Ĉinujo – ŝtatkapitalismo, socialisma merkatekonomio ktp. Sed ja necesas reteni du faktojn, kiuj ankaŭ geopolitike plej gravas:

- la **ĉesigo de la absoluta malriĉeco** kaj la kreskanta amasa bonstato estas, precipe en komparo kun Barato [kaj Hindujo entute, -vl], kiu havis similajn deirajn kondiĉojn, esprimo de evolu-modelo orientita laŭ la socia ĝenerala bonstato. La fino de la malriĉeco, per partopreno en la sistemoj de klerigado, sano kaj kulturo, malfermas individuajn ŝancojn de mem-realigado kaj tiel materiigas sociajn homrajtojn por centoj da milionoj. Tio certigas larĝan kaj jam de jaroj kreskantan konsenton de la loĝantaro, kion ankaŭ okcidentaj enketoj konfirmas. [17] La socia klimato tre distingiĝas disde la sento de krizoj kaj de katastrofoj en la okcidentaj socioj.

- La nepra kondiĉo de la supreniro estis la **rolo de la komunista partio**. Kiel ajn oni cetere taksas la politikan sistemon de la lando, tio ĉi aldonas al la kutima geopolitika rivaleco al Usono kroman dimension, kvazaŭ ideologian sistemkonflikton.[18]

---

17 Tiel ekz-e enketo de la kanada universitato York (*Le Monde*, 19/20.7.2020m p, 2).

18 Per tio, Ĉinujo ne fariĝas realigo de la sociaj utopioj de la eŭropa maldekstro.

KIAL?
La okcidenta kapitalismo malkreskas.
Longtempaj perspektivoj:
parto de la tutmonda MEP en la jaro 2050

Deŝoviĝo de la gravitopunkto de la monda ekonomio: for de la transatlantika spaco al Azio

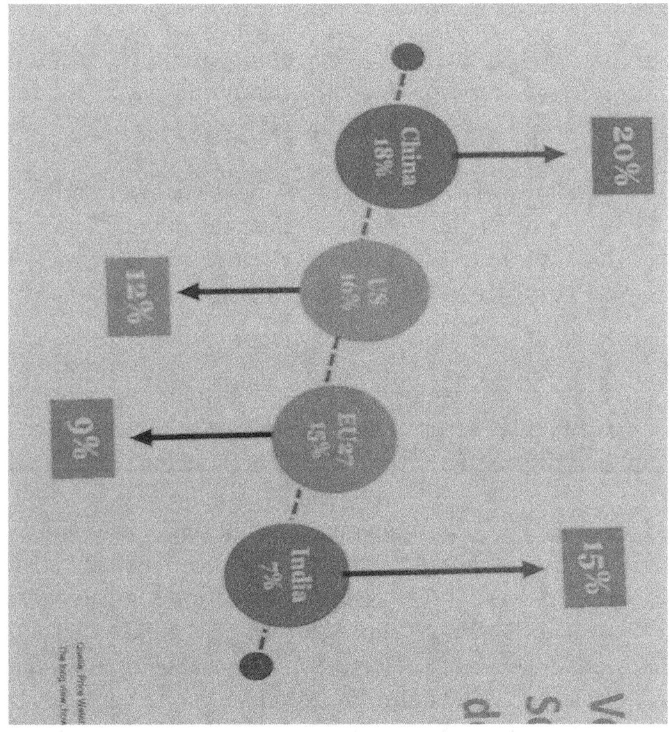

- Koncerne la **armeon**, Ĉinujo, mezurate per la elspezoj por la armeo, troviĝas en la dua loko post Usono (vidu la tabelon 2). La ĉina atom-doktrino ekskludas unuan atom-armilan frapon. Ĝia kapablo je dua atomfrapo aktuale ne tiom grandas kiel tiu de Usono kaj de Ruslando, sed ĝi estas tia, ke ĝi ĝis nun estis konsiderata kiel sufiĉa.

  Malsame ol Usono, sed simile kiel Ruslando, Ĉinujo havas la problemon de militstrategia ĉirkaŭbarado. Rigardo al la mapo klarigas, ke la lando ĉe sia mara flanko vidas sin alrfrontita al ĉeno da usonaj aliancanoj kaj da usonaj militbazoj.

- La ĉeno komenciĝas norde en Japanujo, plu iras tra Sud-Koreujo, Tajvano, Guam, Aŭstralio, la pacifikaj bazoj de la NATO-partnero Francujo ĝis Singapuro.

  Aldoniĝas la naĝantaj bazoj de Usono en formo de la usona milit-ŝiparo kaj de ties aviadilŝipoj, kiuj regule krozas tra la Ĉina Maro. Ĉi tie troviĝas la malmola kerno de la konflikto pri insuloj kaj koral-insuloj (*atoloj*) en la Sudĉina Maro.

- **Ekonomie** Ĉinujo, koncerne la absolutan grandon de ĝia MEP, estas tre proksima al Usono. Kalkulate per aĉetpovaj kriterioj, Usono estas jam klare superita (vidu la tabelon 1). Ĉe tio aparte gravas, ke Ĉinujo en la avangardaj sektoroj de la nuntempa kapitalismo, ekzemple en la cifereca industrio, iom post iom samniveliĝas kun Usono kaj en kelkaj fakoj, kiel en la artefarita inteligento aŭ kvanta komputado, eble jam troviĝas antaŭe. Ankaŭ en la teĥnologio de spacveturado Ĉinlando, apud Usono kaj Ruslando, intertempe apartenas al la granda triopo. Aldoniĝas, ke Ĉinujo en Azio, en la pacifika regiono, en Afriko kaj Latinameriko estas ĉiam pli dense enretiĝinta kaj ke per la silkovoja projekto estiĝas /ekonomia-infra-struktura ligo kun Eŭropo.

La ekonomiaj pezoj de la monda ekonomio klare
deŝoviĝas direkte al Azio, kaj Ĉinlando estas ilia
gravitocentro.

Tamen necesas konsideri, ke la ĝenerala vivnivelo,
mezurate laŭ la pokapa MEP, ankoraŭ troviĝas multe
malantaŭ tiu de Usono (vidu la tabelon 1). En tio la
lando troviĝas sur simila nivelo kiel Bulgarujo.

- **Politike** Ĉinujo estas konstanta membro de la UN-
  konsilantaro pri sekureco. Tra sia longjara statuso kiel
  evolulando, en la tiel nomata *Grupo de la 77*, ĝi estas –
  ekstere de la transatlantika zono – plej bone enretiĝinta.

- **Kulture** la elradiado de Ĉinlando en la Okcidento, pro la grandaj kulturaj diferencoj, estas malgranda. Sed en Azio tio estas tute alia. Krome, la sukceso de ĝia disvolvo-modelo en multaj evolu- kaj sojlo-landoj estas konsiderinda kultur-influa resurso.

La rolo de Ĉinujo kiel kontraŭpezo al Usono ebligas al landoj liberigi sin el unuflanka dependeco de Usono aŭ de la malnovaj koloniaj potenclandoj en Eŭropo. Tio estas konstelacio, kiu jam dum la Malvarma Milito 1,0 ebligis la movadon de la senblokanoj.

4.3 Ruslando kaj ĝiaj potenc-resursoj

Ruslando estas kapitalisma lando, kiu per la disfalo de la USSR en la jaro 1992 fariĝis kapitalisma periferio. La rusa kapitalismo per sia ĥaosa estiĝo suferas kelkajn deformiĝojn, interalie, kiel la plej gravajn, la sistemon de oligarĥoj kaj la pezon de la krudmateriala sektoro. Tempe de la prezidanto Jelcin la lando estis tre proksima fariĝi fiasko-ŝtato (*"failed state"*).

Pro tio la senforta protesto de Jelcin kontraŭ la NATO-etendiĝo orienten aŭ kontraŭ la NATO-milito kontraŭ Jugoslavujo en 1999, en la Okcidento povis esti simple ignorataj. Per la enpotenciĝo de Putin komenciĝis ekonomia kaj politika solidiĝo, akompanata ankaŭ de modernigo de la militaj kapabloj.

Komencaj provoj estigi samnivelan partnerecon kun Usono kaj la Eŭropa Unio, kio montriĝis ekz-e post la 11-a de Septembro 2001 en loĝistika subteno al Usono en la batalo kontraŭ la teroro, fiaskis pro mankanta preteco de Usono.

- El **armea** vidpunkto, Ruslando estas superpotenco. Ĝiaj atomarmiloj atingas proksimuman egalecon kun Usono. Per novaj teĥnikoj, ekz-e stireblaj supersonaj glisiloj, kiuj kapablas trapenetri la usonan kontraŭraketan defendon, la kapablo de atoma dua frapo estas solidigita. Ĉe konvencia armado Ruslando estas grandpotenco, sed klare malsupera al la NATO-alianco.

Sub tiuj ĉi kondiĉoj, la granda sekurec-problemo de Moskvo estas la rekta landlimo kun la NATO en Estonujo kaj Latvujo kaj de la eksklavo Kaliningrado kun Pollando kaj Litovujo kaj la proksimume 200 kilometrojn longa limo kun Norvegujo en la nordpolusa regiono. De Estonujo la 100 kilometrojn distanca metropolo Sankt-Peterburgo atingeblas jam per raketa artilerio. Kun NATO-membreco de Ukrainujo la NATO avancus ree je limo 2000 kilometrojn pli longa. La tempo de antaŭaverto pri senkapiga frapo kontraŭ Moskvo ŝrumpus al kvin minutoj, kaj tio estigus eksterordinaran ĉantaĝ-eblecon. **Jen la kerno de la rusa danĝer-percepto**.

Kroma sekurec-problemo estiĝis per la ĥaosa disfalo de la USSR ĉe la rusa periferio. Tie ekzistas rusaj malplimultoj, kiuj estas ofte elmetitaj al diskriminaciaj kondiĉoj, ankaŭ en la EU-landoj Estonujo laj Latvujo.[19] En kelkaj kazoj tio kondukis al separismaj streboj kaj teritoriaj detranĉiĝoj, ekz-e en Orient-Osetujo kaj Abĥazio kontraŭ Kartvelujo, en Transnistrio kontraŭ Moldavujo, kaj ekde 2014 aparte dramece en Ukrainujo. En klimato de bonaj najbaraj rilatoj, de kunlaborado kaj de internacia malstreĉiĝo tiaj problemoj estus solveblaj. La fakto, ke Strasburgo iam estis germana, nuntempe jam ne ludas rolon, ĉar ĝi estas enigita en kunlaborajn, pacajn strukturojn. Sed en klimato de

---

19 Golbeck, Matthias (2012): Russland, die baltischen Staaten und die Minderheiten. Arbeitspapier der Stiftung Wissenschaft und Politik (SWP), Forschungsgruppe Osteuropa und Eurasien [Ruslando, la baltaj regnoj kaj la malplimultoj. Laborpapero de la Fondaĵo Scienco kaj Politiko (SWP), Esplorgrupo Orienteŭropo kaj Eŭazio]. Berlin.

alfrontiĝo kaj de Malvarma Milito, io tia rigidiĝas al daŭremaj konfliktoj, kiuj tiam de la kontraŭa parto estas instrumentigataj kaj rapide refariĝas konflikto varmega.

- **Ekonomie**: Kun sia soci-ekonomia sistemo – miksaĵo el novliberalismo, ŝtatkapitalismo kaj restoj de sovetiaj strukturoj – ĝi estas grave malsupera al la multe pli vigla Usono (kaj ankaŭ al Ĉinujo; vidu la tabelon n-ro 1). Ĝia MEP, mezurate laŭ aĉetpovo, troviĝas malantaŭ Germanujo kaj antaŭ Francujo kaj BrITujo. Mezurate laŭ monŝanĝaj kriterioj, ĝi eĉ ne atingas la unuajn dek de la tutmonda vico, kio tamen devenas el la malforteco de la rublo.[20] El la grandega riĉaĵo de la lando je krudmaterialoj estas uzataj ĉefe petrolo kaj gaso kaj metaloj. Pro la tutmonda tendenco forlasi la karbon-energion lastatempe komenciĝas ankaŭ orientiĝo al tiuj krudmaterialoj, kiuj estas bezonataj por la ekologia ŝanĝo, interalie kobalto, kupro kaj maloftaj mineraloj, de kiuj grandaj kvantoj kuŝas en siberia grundo. Krome, Ruslando disponas pri la mondvaste kun granda distanco plej granda uzebla vent-energio.[21] La rusa terkulturo evoluas sufiĉe forte. Tiel la lando estas nuntempe la plej granda eksportisto de tritiko de la mondo.

- Koncerne **pintajn teĥnologiojn**, grave por mondpotenco, Ruslando povas teni la nivelon nur en la spacveturado (kosmonaŭtiko) kaj armadaj produktoj. En la larĝeco de la teĥnologia evoluo ĝi ne estas superpotenco.

- **Politike** la statuso de Ruslando baziĝas precipe sur ĝia konstanta membreco en la sekurec-konsilantaro de la Unuiĝinta Naciaro. De sufiĉe longa tempo okazas ankaŭ proksimiĝo al Ĉinlando, kiu alprenis la karakteron de strategia partnereco. Unu el la rezultoj de la Ukrain-milito

---

20 Ŝajnas, ke tio intertempe draste ŝanĝiĝis, precipe pro la okcidentaj "sankcioj" kaj, kiel ties sekvoj, la altaj prezoj de energio. -vl
21 De 63,8 petavathoroj. 1 petavato egalas al 1000 teravatoj.

povus esti, ke inter ambaŭ landoj fortiĝas la estiĝo de tendaro, ĉe kio Ruslando, precipe teĥnologie kaj ekonomie, trafus en la rolon de duaranga partnero.

- La rusa **kultura influo** en la Okcidento estas malgranda.[22] Jam de sufiĉe longa tempo en la Okcidento okazas en komunikiloj kreskanta produktado de malamika bildo. En Usono tio alprenis trajtojn de la McCarthy-tempo, post kiam Hillary Clinton kulpigis la Kremlon pri sia malvenko en la prezidant-elekto kontraŭ Trump. Kun la Ukrain-milito la aprezo de la lando en la Okcidento fariĝos komplete negativa. Tamen tio aspektas tute alie en Ĉinujo, Barato kaj en multaj landoj de Afriko kaj de Latinameriko. Ekz-e la neŭtraleco de Barato en tiu ĉi milito estas notinda. Ĝi konfirmas, ke transformiĝo de la monda ordo al multcentrismo estas portata ne nur de Ruslando kaj Ĉinujo. Pro tio estas iluzio, ke oni povas Ruslandon internacie izoli kaj transformi ĝin en grandan Nord-Koreujon.

Tamen rezulte eblas diri, ke en la tutmonda disputo pri la strukturo de la internacia sistemo Moskvo, fronte al Usono, agas el strategia defensivo.

4.4 La Eŭropa Unio kaj ĝiaj potenc-resursoj

Jam de certa tempo la Eŭropa Unio (EU) alstrebas lokon en la klubo de la mondpotencoj. Apenaŭ okazas diro de Bruselo, en kiu ne esprimiĝas la deziro kunludi en la geopolitika ĉampiona ligo. Por antaŭenigi la konstruadon de la potenco, do de la militaj kapabloj, oni intensigis la tiel nomatan Konstantan Strukturitan Kunlaboradon (PESCO) – komunaj armadprojektoj, precipe de la grandaj membroŝtatoj, interalie batalaviadilo

---

22 Tute male al la soveta erao, kiam mondvaste ekzistis komunistaj partioj, kiuj simpatiis kun Moskvo.

de la nova generacio kaj tanko en germana-franca kunlaborado.[23]

Sed *voli* estas unu afero, *povi* alia. Tiel ekzistas bonaj kialoj por dubi pri tio, ke la EU fariĝos mondpotenco. Ĉar ĝi ne estas regno kiel Usono, Ĉinlando aŭ Ruslando, sed hibrido el alianco de naciŝtatoj kaj elementoj de supernacia ŝtateco. Tio estas komplika belvetera konstruaĵo, kiu ne disponas pri la agokapablo de granda naciŝtato kaj krome jam de jardeko dronas en diversaj krizoj – de la financa kaj eŭro-valuta krizo, tra la krizo de rifuĝantoj, la briteliro ĝis la kronvirusa krizo.

Reala strategia aŭtonomeco, kiun la franca prezidanto Macron en sia parolado en la universitato *Sorbonne* en la jaro 2017 proklamis, fariĝis malverŝajna jam per la enoficiĝo de Joseph Biden. Tiom pli per la nuna Ukrain-milito. La transatlantika "alŝultriĝo", unuavide bonsentiga ekzemplo de popolamikeco, ĉe sobra rigardo signifas la enviciĝon de la EU kiel duaranga partnero en la tendaron de Usono.

Per tio, Vaŝingtono refoje sukcesis validigi unu el la plej malnovaj eksterapolitikaj principoj: Kunlaborado inter Okcidenteŭropo kaj Ruslando nepre blokendas. Tiu ĉi doktrino estis jam la bazo de la usona ĉirkaŭbara strategio en la Malvarma Milito 1.0, elstare reprezentita de la tiama ministro pri eksteraj aferoj Dean Acheson (1949-1953), poste de Henry Kissinger (ministro pri ekstero dum la Vjetnamlanda milito) kaj poste de la plej influa antaŭpensisto de la usona geopolitiko, Zbigniew Brzeziński.[24] Tio estis daŭrigata post la fino de Sovetunio. En la supre cititaj usonaj defend-direktivoj pri tio tekstas: *"Ni devas atenti pri tio, ke ne ekzistu interkonsentoj pri sekureco centritaj al Eŭropo, kiuj povus subfosi la NATO-n."*[25]

---

23 Vidu pri tio pli detale: Wahl, Peter (2022): Die Illusion von der europäischen Armee [W, P.: La iluzio pri la eŭropa armeo]. En: Jacobin, 1.1.2022.
24 Brezinski, Zbigniew (2016): The Grand Chessboard American Primacy and its Geostrategic Imperatives. New York.
25 Greiner 2021, p. 164.

Tio direktiĝis kontraŭ la koncepto de Gorbaĉovo pri la *Komuna Domo Eŭropo*, kiu ankaŭ en Okcident-Eŭropo ja trovis konsenton. Tiel, ankoraŭ en la antaŭparto de la traktato Minsko-2 tekstas: *"La ŝtat- kaj registar-ĉefoj senŝanĝe agnoskas la vizion de komuna homama kaj ekonomia spaco de Atlantiko ĝis Pacifiko"*, kiun [la franca, germana, ukraina kaj rusa respondeculoj] Hollande, Merkel, Poroŝenko kaj Putin subskribis.

5. La ukraina historio de reciproka akriĝo[26]

La ukraina historio de reciproka akriĝo unuflanke estas parto de la mondpolitika konstelacio tia, kia ĝi estis ĉi tie skizita. Oni delonge celis elkonstrui Ukrainujon kiel eksteran postenon en la ĉioma strategio de Usono. Aliflanke ĝi havas ankaŭ sian propran dinamikon. La deirpunkto decida por la konflikt-historio estas la problemo, menciita en la ĉapitro 4.3, ke post la fino de la USSR en la periferio de Ruslando, en la 14 nove estiĝintaj ŝtatoj[27], ekzistis rusaj malplimultoj kun la rilataj konflikt-eblecoj.[28] Kaj krome, ligite kun tio, la usona strategio, kiu celas ĉirkaŭdigi Ruslandon.

En junaj ŝtatoj krome ekzistas la ĝenerala tendenco je forta naciismo. En Ukrainujo tiu estas aparte agresema kaj post la Majdan-puĉo ricevis oficialan statuson. La rusa kiel oficiala lingvo estis malpermesita, ankaŭ aliaj malplimultoj, ekz-e la

---

26 Ni limigas nin ĉi tie al la bazaj trajtoj kaj plej gravaj stacioj de la antaŭhistorio de la milito. Detala prezentado troviĝas en la hejmpaĝo de la Informejo Militismo (Informationsstelle Militarismus) (IMI).

27 Estonujo, Latvujo, Litovujo, Belarusujo, Moldavio, Ukrainujo, Kartvelujo, Armenujo, Azerbajĝano, Kazaĥujo, Uzbekujo, Turkmenujo, Taĝikujo, Kirgizojo.

28 En kelkaj kazoj pro similaj kaŭzoj ekzistas konfliktoj ankaŭ inter la postsovetiaj ŝtatoj, kion la milito inter Armenujo kaj Azerbajĝano montras.

hungara, trafis sub la premon de rigora ukrainigo. La histori-revizia rakonto pri la tiel nomata holodorm[29], same kiel la heroigo de nazi-kunlaborintoj kaj de respondeculoj pri juda popolekstermo fariĝis nacia mito.

La Majdano, komence kiel protesto kontraŭ korupto kaj oligarĥoj tute ne sen praveco, baldaŭ trafis sub ekstremdekstra hegemonio kaj rapide estis geopolitike instrumentita. La tiama germana ministro pri eksteraj aferoj Westerwelle kaj la EU-tasktito pri ekstero Ashton elpaŝis en la Majdano. Plej forte implikita estis Usono per sia tiama ambasadorino Nuland, famiĝinta pro sia malestimo al provoj de la EU (“*Fuck the EU*”) sekvi proprajn interesojn en la krizo de 2014. Racia politika solvo, kun parto-preno de la franca kaj germana ministroj pri ekstero, okazigi novelektojn ene de kelkaj monatoj, estis neniigita per la puĉo. Tamen la Okcidento tuj agnoskis la novan reĝimon en Kievo.

Okazigo de tiu ĉi konflikt-etapo estis la traktato pri asociigo de Ukraninujo al la Eŭropa Unio. La lando estis dum jarcento parto de la rusa regno. Sed la traktato devigas striktan detranĉon de sennombraj historie kreskintaj ligoj. Prava intereso de Ruslando, ke en tia triflanka interkompreniĝ-procezo oni koncedu ankaŭ konsiderojn de ĝiaj interesoj, simile kiel tio ja okazis ĉe la disiĝo de Britujo disde la EU, estis de Bruselo ignorata.

La kontraŭfrapo okazis poste per la referendumo de sendependiĝo de Krimeo, jure pravigita per la rajto je memdeterminado,[30] kaj la sekva integrado de la duoninsulo en la rusan federacion. La reĝiso-rado de tio estis farita en Moskvo. En tio centris la rusa intereso ne

---

29 Alude al la nocio *holokaŭst*, malsat-mizero en la 1930-aj jaroj, kiu aperis pro la stalina terkultura politiko en multaj terkulturaj regionoj de la Sovetunio, estis intence aliinterpretita kiel popolekstermo celita al Ukrainujo.

30 Ne nur la referendumo montris klaran plimulton, ankaŭ okcidentaj opini-enketoj rezultigis, ke la granda plimulto de la loĝantero volas aparteni al Ruslando: Pew Research Center (2014): Despite Concerns about Governance, Ukrainians Want to Remain One Country. Washington, p. 6.

lasi fali la bazon de la rusa mararmeo en Sevastopolo en la manojn de la NATO. Vido al mapo sufiĉas ankaŭ sen studado ĉe armea akademio, ke tiu haveno estas la ŝlosilo de armea regado de la norda Nigra Maro.

En referendumo en Donbaso, komparebla kiel la voĉdonado farita en Katalunujo, Donecko kaj Lugansko deklaris sin sendependaj. La ukraina registaro de Proŝenko deklaris la separistojn teroristoj kaj sendis armeon kaj libervolajn batalantojn. Ruslando subtenis la separistojn per armiloj kaj konsilistoj, kio finiĝis per milita malvenko de Kievo.

La tiamaj fortrilatoj estis tiam fiksitaj en la Minska Traktato (Minsko 2). Kievo dekomence blokis la realigon de Minsko 2, kaj el la ĝiaj okcidentaj garanti-potencoj Francujo kaj Germanujo venis, krom vortoj, nenia praktika iniciato. Anstataŭ tio en Donbaso okazis **milito de malalta intenso**, kiu viktimigis 14000 homojn. En Ukrainujo oni do pafas ne nur ekde la 24-a de Februaro.

La sinteno de la Okcidento pri la traktato *Minsko-2* kuraĝigis Kievon prepari solvon de la problemoj al ĝi konvenan. La dekreto n-ro 117 de la ukraina prezidanto de la 24-a de Marto 2021 anoncas la preparon de dispozicioj, por ĉesigi "la provizoran okupadon" de Krimeo kaj de Donbaso. La registaro estis taskita disvolvi "agoplanon" laŭ tio.

La reago de Moskvo estis tiu duobla strategio, kiun la Okcidento jam pli longe atribuas al si: *dialogo kaj forto*. Tiel Putin unuflanke postulis la ĉesigon de la NATO-etendiĝo, nenian lokadon de atak-armilaj sistemoj ĉe la rusaj landlimoj kaj reduktadon de la NATO-infrastrukturo al la stato de 1997, kiam oni interkonsentis pri la NATO-Ruslando-akto. Aliflanke li igis marŝi trupojn al la ukraina landlimo.

Usono senkompromise insistis pri rifuzo de sekurec-garantioj por Moskvo kaj tiel refoje demonstris, ke ĝi ne pretas akcepti la principon de egaleca kaj nedividita sekureco.

Post tio sekvis, kiel novkvalita ŝtupo de reciproka akriĝo, la rusa atako.

Putin pravigas ĝin per sia percepto de minaco. *"Tion oni nomas: havi la ttranĉilon ĉe la gorĝo"*, Povas esti, ke li efektive vidas tion tiel, sed ankaŭ povas esti, ke tio estas nur pretendita, simile kiel Tony Blair asertis antaŭ la atako de la *Koalicio de bonvolemuloj* al Irako, ke Saddam Hussein ene de 45 minutoj povas lanĉi mezdistancajn raketojn kun biologiaj aŭ ĥemiaj eksplodkapoj.

Kiel ajn, ĉi tie aperas baza problemo de internaciaj rilatoj sub la nunaj cirkonstancoj: **la rolo de minaco-perceptoj kaj de malamiko-bildoj**. Poloj kaj baltoj sentas sin minacataj de Ruslando. Israelo sentas sin minacata de Irano. Ĉinujo sentas sin minacata de Usono. Tajvano sentas sin minacata de Pekino. Armenujo sentas sin minacata de Azerbajĝano. Oni povas longe daŭrigi tiun ĉi liston. En ĉiuj kazoj povas esti, ke ĉe tio estas io reala, same kiel ĝi eble povas esti propagando – ofte verŝajne ankaŭ miksaĵo el ambaŭ.

La kondiĉoj skizitaj en la sekcioj 2. kaj 3. do ĝenerale kondukas al klimato de malfido en la internaciaj rilatoj.[31] Tion oni ne povas malkonstrui per vortoj, laŭ la moto: *Sed ni ja tute ne volas fari al vi ion malbonan*, aŭ: *En la realo tio estas ja tute ne tiom malbona*, sed tio eblas nur per faroj. Do: Ĉi tie montriĝas la graveco de politiko de **konfidigaj dispozicioj**, kiuj forprenas akrecon kaj streĉitecojn el la sistemo. Se Ruslando opinias, ke la NATO ĉe ĝiaj landlimoj estas minaco, kio tiam envere kontraŭdiras, ke la NATO tenu sin malproksime de la limoj? Absolute nenio, escepte se la NATO efektive sekvas la intencon krei streĉitecojn kaj premi Ruslandon.

---

31 Pro tio militistoj ĉiam pensas pri scenaro de plej malbona kazo ("*worst case*").

6. Kompromisan pacon anstataŭ venkon kaj venĝon

En ĉiu momento en spiralo de reciproka akriĝo ekzistas alternativoj. Tiuj ekzistis inter Decembro de 2021 kaj la 24-a de Februaro, kiam la situacio akriĝis. Kaj ĝi ekzistas ankaŭ, post kiam la milito komenciĝis, kondiĉe ke la veraj agantoj havas por tio la politikan volon.

Aktuale partoj de la pacmovado postulas de siaj registaroj liveradon de armiloj al Ukrainujo kaj / aŭ akrajn sankciojn kaj similajn paŝojn kontraŭ Ruslando, kiuj de la NATO-registaroj tamen jam sen tio estas delonge faritaj. Ili per tio ligas sin al la NATO.

Necesas, male, pacpolitiko, *"kiu deiras de la sistema karaktero de la internaciaj rilatoj kaj per tio de tria starpunkto."*[32] Decida kriterio por tria, aŭtonoma pozicio transe de NATO kaj Ruslando devas esti tio, kio estas la plej bona por la homoj en Ukrainujo. Kaj tio estas dispozicioj, kiuj kiom eble plej rapide kondukas al la fino de la milito. Necesas pakaĵa solvo, kies kerno konsistas en ĉesigo de la bataloj kaj retiro de la rusaj trupoj, kaj kiu donas al Ruslando garantiojn de sekureco kaj kiu komencas intertraktadojn por solvi la ceterajn disopiniojn, kiel la statuson de Donbaso ktp.

Kaj necesas ekrigardi la tempon post la fino de la milito. Kun la klimata katastrofo la homaro staras antaŭ historie unika defio. Ĝi estas mastrebla nur, se potenc-politikon, vetarmadon kaj militojn anstataŭas ĝuste malstreĉiĝo, kunekzistado kaj

---

32 Wahl, Peter: Krieg und Frieden in der miltipolaren Welt-Unordnung. [W., P.: Milito kaj paco en la multpolusa monda malordo"] En: Demirović, Alex et al. (2021): Das Chaos verstehen. Welche Zukunft in Zeiten von Zivilisationskrise und Corona? [Kompreni la ĥaoson. Kian estontecon en tempoj de civilizacia krizo kaj de Koronviruso?], Hamburg, p. 97.

kunlaborado.

En kromaj fonaj tekstoj ni okupiĝos pri temoj, kiuj en la kadro de tiu ĉi teksto ne aŭ nur alude pritrakteblis. Ekz-e pri la interrilatoj de interna konstitucieco de ŝtatoj kaj ties ekstera politiko, interalie la imperiismo-demando, la vidpunkto de la tutmonda Sudo kaj la efikoj de la grandpotenca politiko kaj de la Ukrain-milito al ĝi, kaj la rolo de Ĉinlando.

Tabelo 1: MEP de elektitaj landoj kompare.

Absolutaj / pokapaj kaj en aĉetpovaj kaj ŝanĝokurzaj valoregalecoj[33]

MEP absolute		/	MEP pokapa	
	En aĉetpova egaleco	/ en ŝanĝ- kurza / egaleco	/ en aĉet- / pova- / egaleco	/ en ŝanĝ- / kurza / egaleco
1. Ĉinlando	29,38	18,46	20.670	12.990
2. Usono	24,80	24,80	74.730	74.730
3. Barato	11,35	3,25	8.080	2.310
4. Japanujo	5,97	5,38	47.840	43.120
5. Germanujo	5,20	4,50	62.400	54.650
6. Ruslando	4,70	1,70	32.210	11.660
7. Francujo	3,55	3,14	54.180	47.950
8. Britujo	3,54	3,44	52.250	50.880
9. Italujo	2,80	2,27	48.520	38.170

---

33 Plej ofte oni indikas la Malnetan Enlandan Produkton (MEP). Malavantaĝas, ke re- aŭ de-valuto de la nacia mono tranokte vidigas landan ekonomion pli forta aŭ pli malforta. KKP, male, bazas sin sur varkorbo kiu spegulas la enlandan aĉetpovon. Popularan klarigon donas la t.n. Big Mac Index. La *Fast-Food*-frikadelo, ĉie en la mondo sama, kostas en Novjorko 4,50 $, sed en Oslo 8,50, en Pekino 2,50 kaj en Nov-Delhio 1,20 $ (ĉiuj en landa valuto). La prezdiferencoj estiĝas per la malsamaj estigokostoj. Tio, kio validas pri la *Big Mac*, validas por ĉiuj enlandaj produktoj kaj servoj, ĝis la batal-aviadilo.

Tabelo 2: Armad-elspezoj – la plej grandaj, en miliardoj da usonaj dolaroj (usd), en konstantaj prezoj (laŭ 2019)[34]

	2000	2010	2020
Usono	475,2	856,3	778,2
Ĉinlando	41,2	129,4	252,3
Barato	30,3	50,0	72,9
Ruslando	23,6	49,8	61,7
Brituj	48,7	63,2	59,2
Saud-Arabujo	30,8	53,6	57,5
Germanujo	42,4	41,0	52,8
Francujo	45,0	48,4	52,7

---

34 Ankaŭ ĉi tie validas la problemo montrita en la antaŭa piednoto: Por landoj kun alta parto de enlanda armad-produktado (antaŭ ĉio Ĉinlando kaj Ruslando), la nombroj ĉe kaptado de la aĉetpova valoregaleco certe estas klare pli altaj.

Malfidu la milit-propagandon!

Kontribuaĵoj kaj fontoj rekomendataj de gelegantoj de la *Marxistische Blätter*[35]

"La unua viktimo de la milito estas la vero", tion Uwe Krüger memorigis fine de la lasta jaro en la kajero de la *Marxistische Blätter* pri la "Komunikila, potenca kaj opinia monopolo" – monopolo, kiu regas ankaŭ la aktualan informadon pri la Ukrain-milito. "Tiu pretendo devenas de Arthur Ponsonby (1871-1946), brita politikisto, verkisto kaj pac-aktivulo, kiu en sia libro *"Falsehood in Wartimes"* ["Mensogo en milita tempo"] en 1928 priskribas la metodojn de la militpropagando de ĉiuj partoprenantoj en la Unua Mondmilito. Resume kaj sistemigite tiuj principoj (laŭ Morelli) tekstas jene:

1. Ni ne volas la militon.
2. La kontraŭa tendaro respondecas.
3. La gvidanto de la kontraŭulo estas diablo.
4. Ni batalas por bona afero.
5. La kontraŭulo batalas per malpermesitaj armiloj.
6. La kontraŭulo intence faras kruelaĵojn, ni faras tion nur erare.
7. Niaj perdoj estas malmultaj, tiuj de la kontraŭulo estas eksterordinaraj.
8. Artistoj kaj intelektuloj subtenas nian aferon.
9. Nia misio estas sankta.

---

35 Ni deiras de tio, ke la diversaj paco-retoj kaj alternativaj informfontoj kiaj ekz-e la *Nachdenkseiten* [pripensaj paĝoj], *Telepolis* aŭ ankaŭ *Anti-Spiegel* aŭ *Monthly Review* (Usono), la svisa *"Untergrundblättle"* ["subgrunda folieto"], sed kompreneble ankaŭ la *junge welt* kaj la publikigaĵoj de la DKP [Deutsche Kommunistische Partei / Germana Komunista Partio] kaj SDAJ [Socialista Germana Laborista Junularo] inkluzive de retpaĝoj de nia legantaro estas sufiĉe konataj.

10. Kiu dubas pri nia informado, estas perfidulo.

La konsilo de leganto el Lepsiko: **Tiujn ĉi dek punktojn pendigi apud la televidilon**, kaj jen oni vidas inform-programon, apartan elsendon aŭ "kontraŭmilitan paroladon" de ia ajn ŝtata aktoro, "fakulo" aŭ premgrupisto multe pli skeptike aŭ kritike.

Tiu, kiu malfidas nin gemarksitojn, gekomunistojn kaj la fonajn artikolojn de nia revuo – kial ajn –, al tiu, legantino el Vieno rekomendas la artikolon "En la pulvovaporo de la propagando" de Anton Holzer. La aŭstra fotohistoriisto, publicisto, ekspozicia kuratoro, eldonisto de la revuo "Fotohistorio" kaj aŭtoro de la libro "La alia fronto. Fotografio kaj propagando en la Unua Mondmilito" (2007), skizas en ĝi la historion de la propagado-militoj, la rolon de la milit-bildoj kaj la evoluon de la "front-raportado" fare de profesiaj ĵurnalistoj ĝis la nuntempa "partopren-milito" en Interreto kaj en la "sociaj komunikiloj", kiu masive retroefikas al la "profesia" ĵurnalismo. (Noto: La "Kvin malfacilaĵoj ĉe skribado de la vero" de Berto Breĥto estus ĉi tie klare aldonendaj.)
- http://
  www.wienerzeitung.at/nachrichten/reflexionen/vermessun
  gen/2142598-Im-Puzlverdampf-der-Propaganda.html
En la *Wiener Zeitung* legeblis – apud aliaj – ankaŭ la sekvaj interesaj gast-komentoj:
- https://www.wienerzeitung.at/meinung/gastkommentare/
  2142299-Bewaffnete-Gewalt-als-Basis-der-
  Aussenpolitik.html
- https://www.wienerzeitung.at/meinung/gastkommentare/
  2143040-Es-gibt-Alternativen-zum-Krieg.html

De aŭstra legantino ni ricevis la indikon pri la sekva intervjuo kun la viena pacesploristo Thomas Roithner sub la titolo "Ni parolu pri la paco". Ŝajnas, ke en "neŭtralaj" NE-NATO-ŝtatoj la pac-ideo estas (ankoraŭ) pli alte taksata ol la milit-kriado en la komunikiloj. La KPÖ Steiermark [Komunista Partio de Aŭstrujo, Stirio] pro tio postulas de la viena federacia registaro i.a. urĝan aktivan politikon de neŭtraleco.

- https://www.ganzewoche.at/inhalte/artikel?
  idartikel=1336 3/Reden-wir-ueber-den-Frieden
- https://www.kpoe-steiermark.at/die-waffen-nieder-
  kpoe-zum-krieg-in-der-ukraine.phtml

Voĉoj de racio kaj de klerigado troveblas ankaŭ en la svisa retejo **"Zeitgeschehen im Fokus"** kaj en la federaci-germana revuo **"Hintergrund"** ["Fono"]. Interalie en intervjuo kun **Jacques Baud**, svisa eks-militista kolonelo kaj informservisto pri historiaj, politikaj kaj ekonomiaj fonoj de la milito en Ukrainujo. Kaj en la kontribuaĵo de la tubinga sociscienca profesoro **John P. Neelsen**, kiu ankaŭ al ni sendiĝis.

- N-ro 4/5 de la 15-a de Marto 2022 kaj n-ro 6 de la 5-a
  de Aprilo (zeitgeschehen-im-fokus-de)
- https://www.hintergrund.de/politik/welt/kampf-um-
  globale-hegemonie-auf-dem-ruecken-der-ukraine/

La senekzempla milit-tamburado de okcidentaj, speciale ankaŭ germanaj politikistoj kaj komunikiloj, supersonas (preskaŭ) ĉiujn moderigajn kaj avertajn voĉojn, kiuj urĝas al reciproka malakrigo kaj al komuna sekureco anstataŭ produktado de malamiko-bildoj kaj de brulad-akrigo. Tiaj voĉoj venas eĉ el rondoj de la militistoj. Tion indikas ankaŭ **Peter Feininger** in sia lastdata kontribuaĵo:

- https://www.forumaugsburg.de/s_3themen/Osteuropa/
  220405_mlitaers-gegen-die-luegen-der-medien-im-
  ukrainekrieg-ukrainekonflikt-3/index.htm

Tiaj voĉoj certere ekzistis ankaŭ jam antaŭ la komenco de la paf-milito en Ukrainujo. Tiel la retejo *"Telepolis"* indikas la averto-krion de multnombraj federaci-germanaj personecoj el Decembro de 2014! Ĝi restis ne aŭdita en Berlino. (Noto: Tiuj ĉi ok perditaj jaroj malfacile atribueblos al Putin.)

- /*ekonomia-infrastruktura* "*... la gvida ideo, por la daŭro forteni la militon, perdiĝis*". Telepolis (heise.de). Tie troviĝas ekde la 24-a de Marto ankaŭ kontribuaĵo de Malte Daniljuk, kiu avertas kontraŭ dua Afganujo meze de Eŭropo kaj vidas la ĉesigon de la milito en Ukrainujo nur kiel intertraktan solvon por neŭtrala Ukrainujo.

- https://www.heise.de/tp/features/Argumente-fuer-Neutralitaet-6620155.html?seite=all

La Informejo *Informationsstelle Militarisierung* ĵus starigis propran, tre informan kaj analize valoran apartan paĝon kun kontribuaĵoj pri la milito en Ukrainujo:

- https://www.imi-online.de/2022-04-08/sonderseite-ukraine-krieg/

La "elstaran prelegon" de Lühr Hemken (Kasseler Friedensratschlag [Kasela Pac-konsilo] rekomendas al ni ankaŭ la sekretario pri klerigado de la partiestraro de la DKP kaj deziras al ĝi grandan disvastiĝon:

- https://youtou.be/LHHLmfsxy1E

Clemens Ronnefeldt, la senlace aganta raportisto pri pacdemandoj ĉe la germana branĉo de la Internacia Repaciga Ligo ĉiusemajne dissendas helpan "Gazetaran Spegulon" ["*Pressespiegel*"] kun eltiraĵoj – plej ofte el la burĝa gazetaro. Kontakto per:
- https://www.versoehnungsbund.de

Leganto kaj okaza aŭtoro de la *Marxistische Blätter* sendis al ni la sekvan liston de kontribuaĵoj, per kiu li kiel instruisto pri historio provas klerigi junulojn pri fonoj, interrilatoj, antaŭhistorion de la aktuala milito:

- Prelego de John Mearsheimer "Why is Ukraine the West's Fault?" ĉe the University of Chicago, 4-an de Junio 2015: https://www.youtube.com/watch?v=JrMiSQAGOS4

(alirita 2022-03-24)

- Intervjuo kun Gabriele Krone-Schmalz el la jaro 2015: https://www.youtube.com/warch?v=yzLiwWVZCOk (alirita 2022-02-08)

- Dokumentaĵo "Ukraine on fire", 2016, de Oliver Stone: https://www.youtube.com/watch?v=LHH10jIRJmQ (alirita 2022-03-09)

- Prelego Vladimir Pozner, 27. 09. 2018, How the US created V. Putin: https://www.youtube.com/watch?v=8X7Ng75e5gQ (alirita 2022-02-02)

- Prelego de Gabriele Krone-Schmalz, Novembro 2019 okaze de la 90-a naskiĝtago de Miĥaelo Gorbaĉovo: https://www.youtube.com/watch?v=3KmW4xdWL3s (alirita 2022-02-14)
- Michael Lüders: Russlands Überfall auf die Ukraine: Wie geht es weiter? https://www.youtube.com/watch?v=FLXihZc2IzQ (alirita 2022-03-09)

- Diskuto ĉe la universitato Yale kun Arne Westhad, Timothy Snyder kaj Nellie Petlick komence de Marto 2022: https:// www.youtube.com/watch?v=xg0c6fd8PCk (alirita 2022-03-14)

Kaj nun ĉe la fino: Nova leganto el Berlino indikas al ni novajn studaĵojn de la "**RAND Corporation**". La *RAND-Corporation* estis fondita kiel pensejo post la fino de la Dua Mondmilito por konsili la armitajn fortojn de Usono. La *RAND-Corporation* partoprenis en la estigo de la Pentagon-paperoj pri la milito kontraŭ Vjetnamujo. La parta publikigado de tiuj paperoj fare de la *New York Times* kaj de la *Washington Post* en 1971 malkaŝis, ke la usona registaro sub Lyndon B. Johnson dum jaroj sisteme mensogis same al la publiko kiel al la Kongreso pri la milito en Vjetnamujo. Inter la pli lastaj temaroj de la

RAND-Corporation troviĝas interalie strategioj por malstabiligi Ruslandon (kaj cerbumadoj pri milito kontraŭ Ĉinujo). Do, nenia "kontraŭusona propagando", sed originalaj usonaj tekstoj. La kapo de la NATO sidas en Vaŝingtono. La batalkampo estas Eŭropo.

- https://www.rand.org/pubs/research_briefs/RB10014.html
- https://www.rand.org/pubs/research_reports/RRA444-3.html
- https://www.rand.org/latest/russia-ukraine.html

Oni rajtas deiri de tio, ke ankaŭ la federacia registaro [de Germanujo] kaj nia malfacile eltenebla *"young-global-leader"*-ministrino pri eksteraj rilatoj havas klaran scion pri la strategiaj planadoj de sia transatlantika Granda Frato. Tiom pli leviĝas la demando, de kiu tiu ĉi registaro lasas sin konsili kaj de kies interesoj ĝi lasas sin gvidi. Kaj kial la nova Granda Berlina Koalicio de la Militaj Bonvolemuloj dum jaroj ignoris la avertojn el politiko, ekonomio kaj el la propra armeo kaj marŝadas sampaŝe kun la usona registaro kaj kun la NATO-gvidantaro en la direkto de Granda (atom-) Milito. Ĉar tiu rekte proksimiĝas, kio tute ne estas "maldekstra panikigo", kion la eldiroj de la Reto de Eŭropa Gvidantaro [*European Leadership Network*] kaj de la Eŭropa-Atlantika Sekureca Gvido-Grupo [*Euro-Atlantic Security Leadership Group*] (EASLG) atestas.

- Vidu: https://www.europeanleadershipnetwork.org

Jam la 3-an de Marto 2022, 96 politikistoj kaj armeanoj el 21 regnoj – inkluzive de Germanujo, Usono kaj Ruslando (!) – postulis revenon al dialogo, diplomatio kaj intertraktadoj por paco.
- Vidu: *The Expert Dialogue on NATO-Russia risk reduction: a joint appeal for a ceasefire and risk reduction / European Leadership Network, https://www.europeanleadershipnetwork.org/group-statement/the-expert-dialogue-on-nato-russia-risk-reduction-a-joint-appeal-for-a-ceasefire-and-risk-reduction*

Berto Breĥto pri la kvin malfacilaĵoj por skribi la veron

"La skribanto ne kliniĝu al la potenculoj, li ne trompu la malfortulojn. Kompreneble tre malfacilas ne fleksiĝi al la potenculoj kaj tre avantaĝas trompi la malfortulojn."

Tiu, kiu hodiaŭ volas batali kontraŭ mensogo kaj nesciado, tiu devas superi almenaŭ kvin malfacilaĵojn.

- Li devas havi la *kuraĝon* skribi la veron, kvankam ĝi estas ĉiel subpremata;
- la *sagacon* por ĝin ekkoni, kvankam ĝi estas ĉiel vualata;
- la *arton* fari ĝin uzebla kiel armilon;
- la *juĝon* elekti tiujn, en kies manoj ĝi fariĝas efika;
- la *ruzon* disvastigi ĝin inter tiuj.

Tiuj ĉi malfacilaĵoj estas grandaj por tiuj, kiuj skribas sub la faŝismo, sed ili ekzistas ankaŭ por tiuj, kiuj estas elpelitaj aŭ fuĝintaj, ja eĉ por tiuj, kiuj verkas en la landoj de la burĝa libereco.

Berto Breĥto (1936)

Kelkaj libroj eldonitaj aǔ ĉi-jare eldonotaj de MAS kun rilato al la temo

MAS-183: Leo Trocko: La Cimervalda Manifesto. Pri la aktualeco de la slogano "Unuĝintaj Ŝtatoj de Eǔropo"; Rozo Luksemburgo kaj la 4-a Internacio; Burĝa demokratio kaj la batalo kontraǔ la faŝismo; Bolŝevismo kaj stalinismo [1937]. 2017, 78 paĝoj, ISBN 978-2-36960-092-3
(epub-versio 978-2-36960-102-9)

MAS-186: Theodor Bergmann: Strukturproblemoj de la komunista movado. Erarvojoj, kritiko, novigo. 2017, 480 paĝoj, ISBN 978-2-360960-095-4
(epub-versio 978-2-36960-096-1)

MAS-195: Le Monde diplomatique en Esperanto: La Oktobra Revolucio centjara. Kun:
Serge Halimi: La jarcento de Lenino;
Éric Aunoble: La malriĉaj klsoj sturmas la potencon;
Nicolas Fornet: Edukado kaj instruado;
Hélène Richard: Kiam la revolucio dubas;
Korine Amacher: Ĉu nome de la popolo aǔ kun la popolo?
Lenino: Por ke la revolucio okazu;
Buĥarin: Letero al la estonta generacio de la gvidantoj de la partio;
Londres: En la Ruslando de sovetoj;
Evelyne Pieller: Tiam la arto leviĝis;
Gabriel Gorodetsky: Diplomatio inter ideologio kaj realpolitiko;
Louis de Robien [Eltiraĵoj];
La Internacio: himno; historio; La teksto en la traduko de J. Zilberfarb; Traduko de Koloĉajo; Himno de Sovetunio; Himno de Ruslando.
84 paĝoj. ISBN 978-2-36960-109-8
(epub-versio 978-2-36960-110-4)

MAS-200: Eric Lee: La eksperimento. La forgesita revolucio de Kartvelujo 1918-1921. [Tiu ĉi libro baziĝas sur libro, al kiu

Trocko respondis per MAS-232. Estas interese legi ambaŭ kontrastajn informojn kaj vidpunktojn. -vl] 2018, 262 paĝoj, ISBN 978-2-36960-117-3
(epub-versio 978-2-360-126-5)

MAS-207: Rozo Luksemburgo: La krizo de la socialdemokrataro (Junius-broŝuro) [Pri la sinteno de la socialdemokrataro rilate la Unuan Mondmiliton . Komparu kun MAS-218!-vl]. Kun Lenino: Pri la Junius-broŝuro. 2018, 226 paĝoj. ISBN 978-2-36960-149-4
(epub-versio 978-2-36960-150-0)

MAS-216: Alfredo Kozingo: Supreniro kaj pereo de la reala socialismo. 2019, 792 paĝoj, ISBN 978-2-36960-167-8
(epub-versio 978-2-36960-168-5)

MAS-218: Leo Trocko: La milito kaj la Internacio (1914) [Pri sintenoj de komunistoj al la Unua Mondmilito -vl]. 2019, 138 paĝoj, ISBN 978-2-36960-171-5
(epub-versio 978-2-36960-172-2)

MAS-221: Karlo Markso: Respondo al V. I. Zasuliĉ. Klaus Gietinger: La miskompreno. 2019, 138 paĝoj, ISBN 978-2-36960-182-1
(epub-versio 978-2-36960-183-8)

MAS-229: Leo Trocko: Platformo de la dek tri kaj aliaj tekstoj pri la reala situacio en Sovetio en la jaro 1927:
Leo Trocko: La timo antaŭ nia programo. Mia defendo antaŭ la Centra Komitato;
Alfredo Kozingo: [Pri la Platformo de la Maldekstra Opozicio];
Leo Trocko: Projekto de platformo de la bolŝevistoj-leninanoj (opozicio) al la 15-a kongreso de la KPSU(b) (La krizo de la partio kaj vojoj por super ĝin);
Leo Trocko: Stalino falsas la historion;
Dokumentoj: La testamento de Lenino;
La lastaj vortoj de Adolf Joffe;

Albert Treint: Stalino-Buĥarin kaj la ĉina revolucio;
Juĝo de francaj komunistoj pri la situacio en Ruslando;
La ekzilo de Trocko;
Alvoko de la rusa opozicio al la Komunista Internacio.
2019, 320 paĝoj, ISBN 978-2-36960-193-7
(epub-versio 978-2-36960-194-4)

MAS-232: Leo Trocko: Inter imperiismo kaj revolucio. La bazoj de la revolucio ĉe la unuopa ekzemplo de Kartvelujo. 2019, 200 paĝoj, ISBN 978-2-36960-199-9
(epub-versio 978-2-36960-200-2)

MAS-239: José Carlos Mariátegui: Sep interpretaj eseoj pri la perua realo. 2020, 414 paĝoj, ISBN 978-2-36960-213-2
(epub-versio 978-2-36960-214-9)

MAS-241: Karlo Markso: leĝo de la tendenca falo de la profitkvoto. 2020, 118 paĝoj, ISBN 978-2-36960-217-0
(epub-versio 978-2-36960-218-7)

MAS-256: Karlo Markso: La tiel nomata fragmento pri maŝinoj. Kun antaŭparolo de Ralph Dumain. 2020, 100 paĝoj, ISBN 978-2-36960-248-4
(epub-versio 978-2-36960-249-1)

MAS-257: Karlo Markso: Kritiko de la Gotaa Programo. Kun antaŭparolo de Frederiko Engelso, la letero al Bracke kaj la letero de Engelso al Bebelo. 4-a eld. 2020, 70 paĝoj, ISBN 978-2-36960-250-7
(epub-versio 978-2-36960-251-4)

MAS-258: XI Jinping k.a.: Parolado pri marksisma ekonomiko en Ĉinujo:
XI Jinping: Konstante plivastigi novajn perspektivojn de la marksisma politika ekonomio en la nuntempa Ĉinujo;
Jurij FINEL pri la soveta lernolibropri ekolomiko;
SU Kaiming: Ekonomiaj ŝanĝoj pot 1978;
DING Guoqiang: Science apliki la fundamentajn principojn kaj metodojn de la marksisma ekonomiko;
Theodor BERGMANN: La socialisma disvolvo-strategio de la

PR Ĉinujo;
Vikipedio: Nova Ekonomia Politiko (NEP);
Lenino pri la Nova Ekonomia Politiko;
Norman Levine: Ĉinujo kiel nova centro de la internacia
Markso-esplorado;
XY Yang kaj LIN Fangfang: Traduko kaj akcepto de la
marksa "Kapitalo" en Ĉinujo (1899-1917);
La kompilinto: Ĉu "marksismo" kun ĉinaj trajtoj?
2020, 104 paĝoj, ISBN 978-2-36960-252-1
(epub-versio 978-2-46960-253-8)

**MAS-259: Leo Trocko: La transira programo. Kun:
Leo Trocko: La transira programo – La agonio de la kapitalis-
mo kaj la taskoj de la 4-a Internacio [1938]; Vikipedio: La
transira programo.** 2020, 84 paĝoj, ISBN 978-2-36960-255-2
(epub-versio 978-2-36960-256-9)

MAS-261: Nikolao Buĥarin: Politika ekonomio de rentuloj.
2020, 192 paĝoj, ISBN 978-2-36960-262-0
(epub 978-2-36960-263-263-7)

**MAS-265: XU Changfu: La deteoriigo de la marksismo en
Ĉinujo.** 2022, 58 paĝoj, ISBN 978-2-36960- 270-5
(epub-versio 978-2-36960-271-2)

**MAS-267: Div.: Ĉinlando, Vjetnamujo, Kubo, Ĉilio … Vojoj
de socialismo. Enhavo:
Klaus Wegener: La longa batalo por postkapitalisma socio;
Beate Landefeld: Markso, Engelso, Lenino kaj Deng. Ĉu
kromvoje al socialismo?
Vladimiro Giacché: Socialismo kaj fino de la varproduktado
en la Kontraŭduringo de Frederiko Engelso;
Hannes A. Fellner: zhongguó de dáo – La ĉina vojo;
Wolfram Adolphi: La vojo de Ĉinlando – homara demando;
Nhi Le: La vojo al socialismo kaj la konstanta reformado de la
teorio de la socialisma konstruado en Vjetnamujo – 30 jaroj de
renovigo ekzamenataj;**

José Luis Rodríguez: Konceptado de la modelo: analizado de apartaĵoj kaj perspektivoj;
Winfried Roth: De Allende al Pinochet. La ĉilia eksperimento 1970-73;
Patrik Köbele: La malfacila vojo de socialisma konstruado;
Domeniko Losurdo: La dialektiko de la revolucio: Ruslando kaj Ĉinlando kompare;
Marcel Kunzmann: La teorio de la ĉina socialismo;
Olaf Matzerath: Novaj monopoloj, nova konkurenco. La reformo kaj malfermiĝo de Ĉinujo kaj la ekzemplo Lenovo;
Helmut Peters: "El la mezepoko al socialismo – Serĉante la travadejon" (Postparolo 2009);
Helmut Peters: Novaj pensimpulsoj, jardekon post la "Serĉado de la travadejo";
Heinz Bierbaum: Ĉinujo kaj la maldekstro;
Janos Manuel: La okcidenta marksismo amas purecon kaj martirismon, sed ne realan revolucion;
Michael Ramminger: Memori signias pli ol ne forgesi" Unidad Popular kaj la "Kristanoj por socialismo";
Helmut Dunkhase: La Popolrespubliko Ĉinujo kiel projekcio de niaj socialismo-imagoj;
XI Jinping: La dialektika materiismo estas la mondpercepto kaj la metodo de la ĉinaj komunistoj;
XI Jinping: Ĝuste kompreni kaj pritaksi la ĉefajn aferojn de meza kaj longperspektiva ekonomia kaj socia disvolvado;
WU Ken: La ĉina ambasadoro en Germanujo, en intervjuo kun la gazeto *junge welt*;
Vilhelmo Lutermano: Postparolo.
2021, 320 paĝoj, ISBN 978-2-369690-274-3
(epub-versio 978-2-36960-275-0)

MAS-270: CHENG Enfu: Trajtoj de la novliberalismo. La lenina imperiismo-teorio aplikata al la 21-a jarcento. LU Baolin; GHANG Guangmin: Ĉu la volumo 3 de La kapitalo estas la antitezo de la volumo 1? 2022, 54 paĝoj, ISBN 978-2-36960-278-1 (epub-versío 978-2-36960-979-8)

MAS-276: Maxime VIVAS: Ujguroj por ĉesigi la falsnovaĵojn.
2021, 112 paĝoj, ISBN 978-2-36960-296-5 (epub-versio 978-2-
36960-297-2)

**MAS-278: XI Jinping: Parolado okaze de la centjariĝo de la
Komunista Partio de Ĉinujo; CHENG Enfu: Kvincent jaroj da
socialismo el ĉina vidpunkto (intervjuo).** 2021, 60 paĝoj, ISBN
978-2-36960-300-0 (epub-versio 978-2-36960-301-6),

MAS-281: Jean kaj Lucien Sève: Eliro el la kapitalismo – aŭ
katastrofo. Dialogo de patro kaj filo. (Eldonota en 2022)

Fine mi invitas vin legi la komenton pri la parolado de la germana
ministrino pri eksteraj rilatoj antaŭ la Unuiĝinta Naciaro: Renate
DILLMANN: Annalena Baerbock parolas antaŭ la Unuiĝinta
Naciaro, jene:
http://mas-eo.org/spip.php?article740

Bonan legadon kaj komentadon deziras al vi
Vilhelmo

Presita en la Eŭropa Unio
en la jaro 2022